AF340592

CATALOGUE

DES DIVERSES CURIOSITÉS

PROVENANT DU CABINET

DE FEU

M. DE LA TOUR DAIGUES,

Officier aux Gardes Françoises, Chevalier de l'Ordre Royal & Militaire de S. Louis.

CONSISTANT en Tableaux, Deſſins, Eſtampes des plus grands Maîtres, & quelques Bijoux.

Dont la vente s'en fera le Jeudi 15 Mai 1777, & jours ſuivans, de relevée, dans une ſalle des Grands-Auguſtins.

Par F. BASAN.

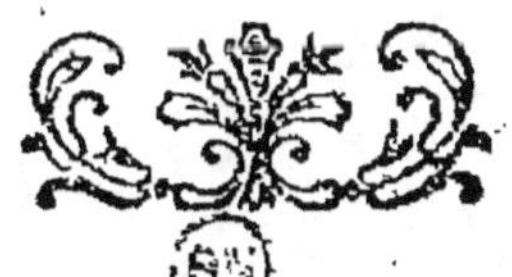

Le préſent Catalogue ſe diſtribue

A PARIS,

Chez {Le ſieur BASAN, rue & Hôtel Serpente.
M.ᶜ HAYOT DE LONGPRÉ, Huiſſier-
Commiſſaire-Priſeur, rue de Gévres.

M. DCC. LXXVII.

AVERTISSEMENT.

L'AMATEUR dont je donne ici le
Catalogue, étoit connu généralement
des Artistes pour un homme de goût,
& par son amour pour la Peinture : il
en raisonnoit, non par théorie, mais
comme ayant exercé le Dessin avec assi-
duité pendant plusieurs années, aidé des
conseils de Messieurs Boucher & le
Prince, dont il étoit l'admirateur. On
trouvera dans sa Collection divers Dessins de sa composition & d'après nature
qui ne semblent pas être faits par quel-
qu'un qui n'en fait que son amusement,
mais comparables à un homme du ta-
lent. Il avoit adopté le genre du Paysage, & y réussissoit supérieurement ; il
puisoit aussi ses leçons dans les Ouvra-
ges de Ruysdael, Waterloo, Ostade,
&c.

J'ai suivi dans ce Catalogue pour la
partie des Tableaux & Dessins, l'ordre

alphabétique , pour l'intelligence des Amateurs , & qui eſt ſuivant moi, la plus facile pour tout le monde.

Meſſieurs les Amateurs pourront voir les objets contenus au préſent Catalogue , le Mercredi 14 & Jeudi 15, le matin ſeulement , dans la ſalle où ſe fera ladite vente , aux Auguſtins.

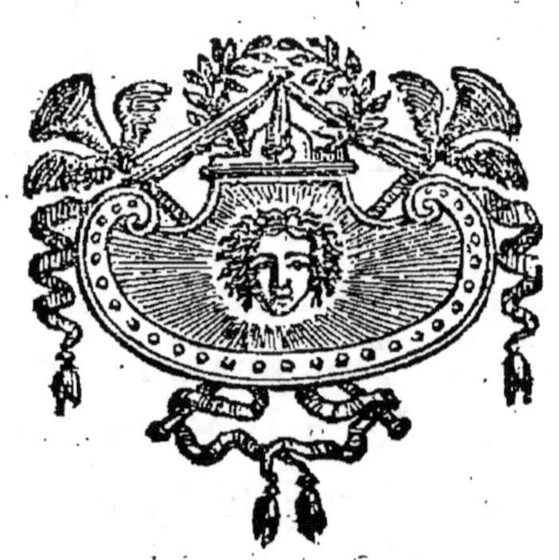

CATALOGUE

DES DIVERSES CURIOSITÉS

PROVENANT DU CABINET

DE FEU

M. DE LA TOUR DAIGUES,

*Officier aux Gardes Françoises, Chevalier de
l'Ordre Royal & Militaire de S. Louis.*

CONSISTANT en Tableaux, Deſſins,
Eſtampes des plus grands Maîtres, &
quelques Bijoux.

BIJOUX.

Nº. 1 UNE boëte d'écaille à doubles
cercles d'or, avec un portrait de femme
en miniature ſur le couvercle.

2 Un autre portrait de femme auſſi en mi-

niature, bien ajuſté & ſupérieurement bien fait par M. Hall, célebre Artiſte en ce genre.

3 Quatre bagues montées en or, cornalines & autres pierres.

4 Un petit Oiſeau mort, nommé aux ſept couleurs: deſſous un bocal, très-bien conſervé.

4 * Un groupe de deux Enfans en terre cuite, par la Rue, de 7 pouc. de haut.

5 Deux bouteilles de porcelaine, à longs gouleaux.

Quatre globes de 18 po. de haut.

6 Deux mannequins ſervans à drapper les figures très-bien exécutés en cuivre & bois.

7 Pluſieurs figures d'hommes & femmes en plâtre.

7 * Pluſieurs têtes, bras & jambes, auſſi en plâtre, à l'uſage du Deſſin.

8 Un étui de Mathématiques en cuivre, de 6 pouces.

8 * Pluſieurs chambres noires pour deſſiner à la campagne.

9 Deux tables de bois de chêne, faites commodément à l'uſage du Deſſin, avec tiroirs, &c.

9 * Une armoire en beau bois de chêne de 18 pieds de long ſur 2 pieds 10 pouc. de haut & 17 de profondeur, ſervant à mettre des livres & portefeuilles. Il y a ſept portes en fil de laiton, & un marbre au milieu de 3 pieds de large.

10 Plusieurs boëtes, couvertes en veau & parchemin vert, servant à mettre des desfins. *50*

11 Plusieurs cadres dorés, avec verres & cartons, propres à mettre des desfins. *93 . 19*

12 Plusieurs portefeuilles de différentes grandeurs. *110 . 17*

13 Plusieurs boëtes à couleurs à la détrempe, très-bien garnies. *98 . 19*

14 Plusieurs boëtes de pastels & autres crayons. *72*

15 Plusieurs portecrayons d'argent, d'acier, &c. &c. *14 . 8*

16 Plusieurs mains de papier à desfiner de diverses couleurs. *13 . 4*

TABLEAUX.

BARBIER.

17 Un joli paysage très-pittoresque, où se voit sur le devant un ruisseau dans lequel se baignent plusieurs femmes. Il est peint à la gouazze. 8 pouc. sur 6 de haut. *59 . 19*

18 Autre petit paysage, aussi à la gouazze, de 5 pouc. sur 4 de larg. *18*

19 Deux autres jolis sujets pastorals dans un paysage, idem, de même grandeur que le précédent. *57 . 2*

CHANTREAU.

20 Deux très-petits tableaux, repréſentant l'intérieur d'une cuiſine, &c. ſur bois. 4 pouc. ſur 3 de larg. entourés de jolies bordures dorées.

GOFFREDI.

21 Une ruine d'ancien monument, où ſe voit ſur le devant les débris de pluſieurs colonnes ; ſur bois. 16 po. ſur 12 de haut.

GUYP.

22 Deux jolis payſages, vues de pleine campagne : dans l'un on voit des Moiſſonneurs, & une Egliſe de Village dans le fond : dans l'autre une voiture chargée de pluſieurs ſacs & ſuivie par un homme qui en porte un autre ; peints ſur bois. 15 po. ſur 12 de haut.

HEMSKERCK.

23 Deux ſujets faiſant pendants, repréſentant des Bûveurs, & un homme embraſſant une femme ; ſur bois. 9 pouces ſur 7 de larg.

HOBEMA.

24 Un très-joli payſage, avec montagnes dans le fond, & pluſieurs grands arbres ſur le devant ; une caſcade d'eau au milieu deſcendant d'un pont à deux arches,

fur lequel on voit deux petites figures ; fur
bois. 19 pou. fur 11 de haut.

25 Un payfage très pittorefque, où fe trouve
au milieu un vieux pont de bois, fur lequel
paffe une femme : il eft peint fur bois. 21
po. fur 17 de large.

HONDIUS.

26 Deux fujets d'animaux, où fe voyent des
chiens combattant contre des oifeaux de
proye ; le devant & les fonds font ornés de
ruines & payfages ; fur bois. 13 po. fur 9
de haut.

J. JORDANS.

27 Un fujet emblématique, repréfentant
l'Innocence entre le Vice & la Vertu,
compofition de quatre figures ; largement
peint tout à-fait dans le ftyle de cet Auteur, fur toile de 4 pieds de large.

JOUVENET.

28 L'Etude d'une figure de femme à genoux
en attitude de contemplation, dont la
tête eft remplie d'expreffion, fur toile. 18
pou. fur 14 de haut.

LA CROIX.

29 Deux marines avec montagnes & vieilles
tours, ornées fur le devant de divers vaif-
feaux & figures : l'une repréfente un tems
calme : l'autre une tempête où fe voit fur

le devant un vaiſſeau qui vient de ſe briſer
contre un rocher ; ſur toile. 24 pouc. ſur
15 de haut avec bordures dorées.

180 30 Deux autres ſujets pareils : ſur bois, de 9
pouc. ſur 7 de haut.

LANTARA.

72 31 Un petit payſage de 3 pouces & demi de
diametre, repréſentant le coucher du So-
leil.

LE CLERC.

24 32 Deux petits payſages, de forme ronde,
avec figures & animaux ; ſur bois, de 8 po.

LE NAIN.

300 33 Une compoſition de neuf figures à la
porte d'une maiſon, parmi leſquelles on
diſtingue un vieillard aſſis, & portant une
boëte remplie de bagues & autres menues
marchandiſes : il eſt peint avec une grande
vérité, & d'un beau ton de couleur, ſur
toile. 2 pieds ſur 2 pieds 4 po. de larg.
dans une bordure noire.

L'ENFANT.

12 34 Un halte de Grenadiers près d'un camp,
avec pluſieurs Vivandieres : ſur toile. 3 pi.
& demi ſur 3 de large ; il eſt ſans bordure.

LINGELBACH.

202 35 Un Théâtre de Charlatan & de Bouffons

au milieu du Peuple dans une campagne
d'Italie, ornée de ruines, & d'un groupe
d'Hercule étouffant Anthé : le sujet en est
fort gai & très agréable. 3 pieds sur 2 &
demi de haut, sur toile.

M O L E N A E R.

36 Un joli paysage, orné sur le devant de
plusieurs arbres, & dans le fond des moulins à eau de fabriques très-pittoresques.
11 pouces sur 9 de haut.

O S T A D E. (Isaac)

37 L'intérieur d'une chaumiere, très-pitto-
resquement composée, où se voit sur le devant un groupe de six figures qui boivent :
un porc & divers ustensiles de ménage or-
nent le fond de ce tableau, qui est d'un effet très-piquant : sur bois. 20 po. sur 15 de
haut.

P U G E T.

38 Le portrait de ce célebre Artiste, peint
par lui-même, en buste avec main, & che-
mise à collet plat ; la tête est vue de face, &
supérieurement bien touchée. 18 po. sur 14
de large.

R E M B R A N D T.

39 Une tête d'homme vue de face, d'un beau
caractere, avec chapeau sur la tête : de

forme ovale, fur bois. 5 pou. entouré d'u-
ne bordure en cuivre doré.

142　　40 Rebecca près de la fontaine, d'un effet
piquant, dans le ftyle de Rembrandt. 4 pi.
8 po. fur 2 pi. 8 po. de haut, avec bordure
hollandoife.

RICCI. (*Sébaftien*)

15 . 4　41 Jéfus-Chrift fortant du tombeau, charmante efquiffe compofée de huit figures fupérieurement bien groupées. 9 po. fur 6 de
larg.

RUYSDAEL.

430　　42 Un payfage où fe voit au milieu une chûte d'eau & deux figures : il eft du meilleur
tems de ce Maître : peint fur bois. 16 pouc.
fur 15 de haut, dans une riche bordure
dorée.

85 . 2　43 Autre payfage, ou entrée d'une forêt,
où font fur le devant deux gros arbres,
une figure & un chien ; dans le fond, plufieurs autres figures : fur bois. 27 po. fur
un pied 9 po. de large.

SALVATOR ROSE.

40　　44 Un payfage montagneux, avec ruiffeau
fur le devant, & deux figures de foldats : il
eft d'un effet piquant, fur toile. 28 pouces
fur 18 de large, fans bordure.

SATCKLEWEN.

45 Un grand Marché, dans un Village de
Flandres : divers groupes de figures & de
différens animaux, bien diſtribués, rendent
ce tableau fort intéreſſant : le fond eſt occupé d'un côté par une mazure, au bas de
laquelle un Charlatan a établi ſon théâtre :
ſur bois. 2 pieds 8 po. ſur 2 pieds de haut.

SCALF.

46 Un intérieur de cuiſine, avec une figure
de femme dans le fond, & ſur le devant un
tonneau, pluſieurs chaudrons & légumes :
il eſt d'un effet piquant, peint ſur bois. 8
po. ſur 6 de large.

TIERSES.

47 Un payſage montagneux, où ſe voyent
ſur le devant pluſieurs Chaſſeurs faiſant
halte : ſur toile. 4 pieds ſur 3 pieds 4 pouc.
de haut : il eſt ſans bordure.

VAN VITELLI.

48 Une ſuperbe vue de Veniſe, avec canal au
milieu, ſur lequel ſe voyent pluſieurs gon-
doles : ce tableau eſt peint avec eſprit, ſur
toile. 3 pieds ſur 22 pou. de haut.

48 * Deux intérieurs d'anciens Palais ruinés,
faiſant le plus grand effet : on voit ſur le
devant d'un de ces deux tableaux un grand

efcalier de bois & plufieurs figures ; dans
l'autre, une colonade & des degrés de pierres : fur toile. 21 po. fur 13 de haut.

4 . 19　49 Autre intérieur de Palais incendié : fur
toile de 16 po. fur 8 de haut.

VLEUGHELS.

29 . 4　49 * Le Gafcon puni, Conte, d'une compofition agréable, éclairé à la lueur d'un
flambeau : fur bois. 7 pouces fur 5 de
haut.

WAGNER.

100　50 Un très joli payfage montagneux, avec
plufieurs chaumieres fur le devant, & une
femme portant une hotte : fur toile. 9 po.
fur 7 de haut.

T A B L E A U X

DE DIFFÉRENS MAITRES.

4　51 Une Vierge, & l'Enfant Jéfus auquel on
préfente des cerifes, peint par un Maître
Italien : fur toile de 34 pouces fur 28 de
large.

18　51 * Un payfage montagneux, orné de
brouffailles & de plufieurs groupes de figures & animaux, peint dans la maniere
de Both d'Italie, fur toile. 18 po. fur 14
de haut.

52 Un groupe de cinq Femmes nues, & de *56*
deux Amours nageant, dans le genre du
Poussin : le fond représente une forêt : sur
toile. 34 po. sur 29 de large.

52* Un groupe de différents poissons de mer, *12 . 7*
& un chat qui se voit derriere un chau-
dron posé sur une table : il est peint avec
beaucoup de vérité, & marqué F. V. M.
sur toile de 28 po. sur 22 de haut.

53 Un buste de Femme avec chapeau à co- *46 . 2*
carde, fait à l'huile dans le style de Greuze,
de 2 po. & demi sur 2 po.

54 Deux jolies miniatures à la gouazze, re- *36*
présentant des marines ornées de plusieurs
groupes de figures & de hauts rochers :
elles sont destinées à mettre sur une boëte,
& ont chacune leur cristal bombé, de 2
po. & demi de diametre.

55 Deux petits paysages montagneux, ornés *30 . 19*
de plusieurs fig. sur bois. 7 pou. sur 5 de
haut, dont un par P. Bril.

55* La tête d'Io, d'après le Corrége : sur *9 . 16*
toile de 15 po. sur 12 de large.

56 Une jeune Villageoise, jolie de figure, *7 . 12*
peinte au pastel par Merelle, de forme *24*
ovale, sous verre avec bordure dorée.

56* Le portrait de Madame de Pompa- *9 . 12*
dour, aussi en pastel.

57 Plusieurs Tableaux qui seront divisés.

D E S S I N S.

AGRICOLA.

18 . 6 58 Deux gros Oiseaux, perchés sur des troncs d'arbres, peints à gouazze avec beaucoup de vérité & précision. 8 pou. sur 7 de large.

68 . 4 59 Une marine & un paysage, très-finis & d'un effet très piquant, colorés avec beaucoup de soin. 7 po. sur 5 de haut.

9 60 Deux autres pieces, idem.

BEAUFORT.

30 61 Deux traits de l'Histoire de Cléopatre & d'Antoine, exécutés au bistre & à la plume : ils sont composés dans le grand sty-le, & font honneur à l'Artiste qui en est l'Auteur. 16 pouces sur 12 de haut.

39 . 19 62 Deux autres sujets, idem, l'alliance de la Poësie & de la Peinture, & une Vierge tenant sur ses genoux l'Enfant Jésus debout.

BEMEL.

6 63 Une très-jolie tête de vieillard à barbe & cheveux blancs, supérieurement bien colorée à la gouazze, & paroissant être faite sur un quarré de papier fixé par les bords sur une planche de sapin ; très-bien imitée.

64

64 Deux petite têtes d'hommes, d'un caractere spirituel, faits à la gouazze, de 3
pouces fur 2 & demi de large. *9*

BERGHEM.

65 Une ruine en hauteur, ornée fur le devant de plus de douze figures & animaux
divers, dont une femme lavant du linge
au bord d'un ruiffeau : à la plume & au
biftre. 14 po. fur 11 de large.

66 Une feuille fur laquelle font peintes en
grifaille dix têtes de béliers. 12 po. fur 9
de haut. *24*

67 Deux payfages avec figures, animaux &
ruines, très-pittorefquement exécutés au
biftre. 18 po. fur 10 de haut. *140*

BISCHOP.

68 Une tabagie, compofée de quatre figures occupés à entendre une lecture qu'un
d'entre eux fait : c'eft une copie fupérieurement bien faite au biftre, d'après
Brauwer : de plus un fujet de trois figures,
d'après le Titien. *39..4*

BOUCHARDON.

68 * Deux académies de femmes, à la fanguine. *4. 5*

BOUCHER.

69 Deux charmans payfages à la pierre noire, fur papier blanc, de 17 pouces fur 12 *150*

de haut : ils repréſentent deux moulins à
eau, entourés de brouſſailles ; dans l'un on
voit ſur le devant un jeune Pêcheur dans
un bateau ; dans l'autre deux Enfants, &
un Deſſinateur vu par le dos.

69 * Samſon endormi ſur les genoux de Dalila, & livré à ſes Ennemis, par la perfidie
de ſon ſexe : ſujet plein d'eſprit, & d'un
bel effet, peint en griſaille ſur papier
gris. 13 pouc. ſur 10 de haut.

70 Un charmant payſage, mêlé de ruines &
fabriques très - pittoreſques, à la pierre
noire : ſur le devant, on y voit une jeune
fille qui jette du grain à des poules. 10 po.
ſur 8 de haut.

71 Autre payſage, auſſi à la pierre noire,
où ſe trouvent deux petites figures, dont
une aſſiſe eſt vue par le dos. 13 po. ſur 9 de
haut.

71 * Une eſquiſſe de Payſage, très-pittoreſ-
que, où ſe voit un moulin à eau, à la ſanguine & pierre noire, & un autre ſur papier bleu, auſſi à la ſanguine, rehauſſé de
blanc.

72 Deux feuilles contenant quatre eſquiſſes
de compoſitions, Payſages & animaux.

72 * Quatre têtes, & figure drapée, à la ſanguine & pierre noire, &c.

73 Une académie d'homme aſſis, & l'étude
d'une figure drapée qui ſemble ramaſſer un
paquet, à la pierre noire.

74 Une jolie tête de jeune fille vue de trois quarts, faite au pastel. 11 pouc. sur 9 de large.

75 Une jeune fille becquetant un oiseau, qu'elle a sur sa main : supérieurement bien rendue au pastel. 13 pouces sur 10 de large.

76 Une feuille, contenant deux sujets au bistre rehaussé de blanc, du plus grand effet, dont un Paysage avec figures, dans le style de Salvator Rose, &c.

77 La pensée d'un tombeau, représentée par deux femmes soutenant un médaillon porté par trois Amours : sujet agréable exécuté à la pierre noire rehaussée de blanc, sur papier bleu. 13 po. sur 7 de large.

BOTH, (Jean) *Hollandois.*

78 Un très - joli Paysage, à l'encre de la Chine mêlée de bistre, où l'on voit un nombreux troupeau de différents animaux, précédé d'un homme à cheval, & suivi par un Paysan marchant avec un bâton. 6 pou. sur 4 de haut.

79 Deux autres paysages très-pittoresques, à la plume & à l'encre de la Chine.

BRONKOST.

80 Trois oiseaux à longs becs, d'espèces rares & colorés.

BURINI.

4 - 2   81 Six têtes d'hommes, de différents carac-
teres, à la fanguine.

CARRÉ.

18 · 4   82 Un Payfage pittorefque, au milieu du-
quel on voit plufieurs cerfs épars, & dans
le fond un vieux château : à l'encre de la
Chine mêlée de biftre. 11 pouc. fur 8 de
haut.

12   83 Autre Payfage auffi très-pittorefque, mêlé de fabriques & chaumieres, avec diverfes vaches & canards fur le devant, d'un effet très-piquant, au biftre. 12 pou. fur 10
de haut.

8   84 Deux autres Payfages, à l'encre de la
Chine, avec riviere que traverfe plufieurs
groupes d'animaux : ils font touchés très-
fpirituellement. 8 po. fur 6 de haut.

COURTOIS, (*Guillaume*) dit *le Bourgui-gnon*.

72   85 Une Bataille de Cavalerie aux armes
blanches & à feu : le carnage y régne de
toutes parts, & dans le lointain on y voit
les vaincus en fuite & pourfuivis : ce def-
fin eft fupérieurement exécuté à la plume
& à l'encre de la Chine, & porte 27 po.
fur 16 de haut.

DE BOISSIEU, Amateur à Lyon.

86 Deux vues, deſſinées d'après nature, aux *61*
environs de Rome ; entrée d'une Ville, &
vieille Tour ruinée, très-pittoreſquement
traitées, & colorées avec intelligence. 14
po. ſur 10 de haut.

87 Deux Payſages mêlés de ruines & ornés *8*
de pluſieurs groupes de figures, à l'encre
de la Chine. 13 po. ſur 9 de haut.

88 Trois vues de fabriques très-pittoreſques *5*
dans le ſtyle de Bartholomée, faites au
biſtre. 9 po. ſur 7 de haut.

89 L'intérieur d'une vieille maſure ornée de *11*
brouſſailles, où ſe voit une grande roue
de moulin, d'un effet très-piquant, au
biſtre. 7 po. en quarré.

DE LA FAGE. (Raymond)

90 Un vol. in-fol. en parchemin, contenant *12*
quarante-huit feuillets & plus de cent cinquante deſſins d'études & compoſitions à la
plume, deſſinés avec art & tout l'eſprit
poſſible.

DE LA FOSSE. (Charles)

91 Notre-Seigneur prêchant dans le Déſert, *47. 19*
environné d'une multitude de peuple :
ce ſujet eſt précieuſement terminé & lavé
en diverſes couleurs, d'une compoſition
ſçavante & très-agréable. 8 pouc. ſur 4 de
large.

B iij

DE LA RUE.

20 . 6   92   Un petit livret in-8º. de trente-quatre feuillets en parchemin, contenant un très-grand nombre de petites penſées, compoſitions & études diverſes, deſſinées à la plume.

13 . 7   93   Douze petits ſujets de dévotion, & autres, exécutés de même.

10 . 4   94   Six autres idem, ſujets de Bacchanales, &c.

39 . 19   95   Deux groupes de pluſieurs Cavaliers, ſujets en rond de 8 po. de diametre, à la plume & lavés de biſtre, & de plus un grand ſujet de ſacrifice, hardiment exécuté.

15   96   Un Hermite en contemplation devant une croix, & tenant ſur ſes genoux un grand livre : lavé à l'encre de la Chine, & d'un bel effet. 12 po. ſur 9 de large.

97   Autre vieillard à grande barbe aſſis, & ayant un livre ouvert devant lui : il eſt couvert d'un vêtement bordé de poil, & exécuté de même que le précédent. 10 po. ſur 7 de large.

30   98   Un groupe ſuperbe de trois ſoldats qui tiennent un corps mort pour le dépoſer dans un tombeau de pierre : très-largement lavé au biſtre rougeâtre. 12 po. ſur 9 de large.

15   99   Samſon ſurpris par les Philiſtins, & livré par Dalila qui les éclaire avec une lampe :

sujet d'un grand effet , lavé en couleurs.
Même grandeur.

100 L'intérieur d'un corps-de-garde , dans
lequel est introduit un Vieillard qui vient
d'apporter une lettre que tient un Officier
en cuirasse : supérieurement bien exécuté à
l'encre de la Chine. 13 po. sur 10 de haut.

101 Autre sujet pareil , où se voyent cinq
figures cuirassées qui se chauffent : il est
coloré , & porte 19 po. sur 16 de large.

102 Une Bataille de Cavalerie, remplie de
feu , & où le groupe principal se trouve
au milieu du dessin : il est fait à la plume
& au bistre mêlé un peu de couleur, sur-
tout dans les nuages. 19 po. sur 8 de haut.

103 Deux autres Batailles exécutées de
même : l'action se passe dans un des deux
dessins , près des murs d'une Ville dont
l'entrée est partagée par un pont de pierre.

104 Un combat singulier de deux Anges &
un Guerrier contre la Mort & un groupe
de Diables qui sont foudroyés & culbutés
les uns sur les autres : ce dessin est très-
terminé à la plume & au bistre. 18 pou.
sur 13 de haut.

105 Un Port du Levant où se voit un groupe
de six Figures Orientales, un canon & autres ustensiles de mer : aussi très-terminé au
bistre mêlé de diverses couleurs. 15 po.
sur 11 de haut.

105 * Saint Georges terrassant le Dragon ,
sujet rempli d'expression, exécuté au bistre

& à l'encre de la Chine. 20 po. fur 17 de large.

106 Un Lion dans fa caverne, écrafant un Serpent, à la plume & au biftre, très-fini. 9 po. en quarré.

106 * Un corps-de-garde, éclairé par une lampe, & où fe voyent plufieurs groupes de Soldats occupés à jouer aux cartes, &c. d'un précieux fini, & coloré avec art. 7 po. fur 5 de haut.

107 La vue d'un camp en pleine campagne, où fe voit fur le devant un groupe de plu-fieurs Cavaliers recevant l'ordre du Géné-ral : au biftre un peu lavé en couleurs, d'une plume fine & légere. 7 po. fur 5 de haut.

108 Un Régiment de Fantaffins en marche, ayant à leur tête un Officier à cheval : à la plume & au biftre. 8 po. fur 4 de haut.

109 Un facrifice à Diane, d'une charmante compofition, à la plume & au biftre. 8 po. fur 6 de haut.

110 Une Marine bordée de hautes monta-gnes, où l'on voit fur le devant une tente près de laquelle plufieurs figures font bouil-lir la marmite : à la plume & au biftre. 14 po. fur 7 de haut.

DE LA TOUR D'AIGUES, (Jean-Pierre-Alexandre) Amateur.

111 Un charmant Payfage très-pittorefque, à la pierre noire, de 12 po. fur 8 de large,

dans le style de Boucher, dont il fut éle-
ve : ce dessin est orné sur le devant de
quatre figures : on y voit facilement le
plaisir que l'Auteur prenoit à exercer cet
art, ainsi que dans les suivans qui sont
remplis de goût.

112 Deux chaumieres ruinées, dessinées &
colorées d'après nature, dans un Village
d'Allemagne, faites tout-à-fait dans le
genre d'Ostade, & ornées de quelques figures. 11 po. sur 8 de haut.

113 L'intérieur d'une chaumiere très pitto-
resque, où se voit un homme près de la
cheminée, & une femme qui cherche des
pouls dans la tête de son enfant : ce dessin
est une copie très-bien faite d'après un tableau d'Isaac Ostade, & coloré comme
l'original. 6 po. sur 5 de haut.

114 Quatre intérieurs de maisons de Paysans
aussi très-pittoresques, ornés de plusieurs
figures, dont un Maréchal à sa forge, &c.
au bistre & colorés : d'environ 7 po. sur 5
de haut.

115 Trois autres sujets pareils, éclairés par
des coups de lumieres très-piquans : dans
l'un des deux, on voit une marmite pen-
due dessous une grande cheminée : de même grandeur que les précédents.

116 Deux très-jolis paysages, au bistre,
dessinés d'après nature, en Flandres : dans
l'un, on voit un moulin à eau ; dans l'autre, une vieille tour : de plus une vue de la

porte de Châlons-fur-Saone, très-pittorefquement rendue au biftre. 7 po. fur 4
à 5 de haut.

117 Trois autres Payfages idem, & de plus
la vue intérieure d'une maifon de Payfan
où fe voit une femme vûe par le dos près
d'une pompe.

118 Sept autres petits Payfages, au biftre
& à la plume, de formes rondes & quar-
rées, d'environ 4 po. de diametre.

119 Cinq jolis Payfages & intérieurs de
vieilles mafures, très-pittorefques, au biftre & à la pierre noire, d'environ 9 po.
fur 5 à 6.

120 Quatre autres intérieurs idem, dans le
ftyle d'Oftade.

121 Sept petits fujets divers, au biftre, d'a-
près M. le Prince.

122 Deux petites gouazzes, faites d'après
deux tableaux de M. de Machy, intérieurs
d'une fabrique de favon, & de cuifine. 7
po. fur 5 de haut.

123 Quatre très-jolies copies de Payfages,
avec fabriques & animaux, d'après des
gouazzes de Wagner. 7 po. fur 5.

124 Trois fujets, de Ruine, Payfage & animaux, faits auffi à la gouazze, d'après
Locatelli, &c.

125 Cinq compofitions de différentes Scè-
nes domeftiques, colorées avec foin, par
M. de la Tour Daigues.

126 Divers Payfages & fujets divers, par le

même, d'après Rembrandt, Oſtade & autres.

DIÉTRICY.

127 Jéſus-Chriſt deſcendu de la Croix, & 60
porté au tombeau, ſuperbe compoſition,
pleine d'eſprit, faite au biſtre. 13 po. ſur
10 de large.

127* Le jeune David touchant de la harpe 9
devant Saül, exécuté de même. 7 po. ſur 6
de larg.

DITCH, (   ) *Allemand.*

128 Deux Payſages, avec figures & ani- 8 . 16
maux, à la pierre noire, ſur papier blanc.
12 po. ſur 8.

DOMER, (   ) *Eleve de Rembrandt.*

129 Deux vues d'une pleine campagne, avec 6 . 8
figures & animaux, lavées de biſtre & ſanguine. 12 po. ſur 7 de haut.

129* Une autre Vue de hautes montagnes 6 . 12
bordées d'une riviere, & au bas deſquelles
ſe voit une Ville & pluſieurs vieux Forts :
exécuté comme les précédents, & de même grandeur.

DUGOURC.

130 Un trait patriotique & intéreſſant de la 48
Vie d'Henri IV. Il eſt repréſenté à table,
prenant un repas frugal après le gain d'u-
ne bataille, & entouré d'un grand nombre

de drapeaux pris fur fes Ennemis, & ren-
dant fans rançon la liberté aux illuftres
Prifonniers : au biftre, d'un grand effet.
16 pouc. fur 12 de large.

DUMOUTIER.

131 Cinq têtes d'hommes & femmes, faites
à la fanguine & pierre noire.

DUSART.

132 Une compagnie de trois Payfans, formant concert d'inftrumens divers, dans
l'intérieur d'une chambre : il eft coloré
avec art & l'expreffion des têtes y eft ad-
mirable. 10 po. fur 8 de large.

133 Deux petites figures de 3 po. de haut,
auffi colorées, repréfentant un homme debout tenant un pot, & un autre affis tenant
un verre.

EISEN. (Charles)

134 Deux petits fujets, très - agréables de
compofition & colorés, repréfentant Jo-
feph fuyant Putiphar, & Tarquin prêt à
poignarder Lucrece. 5 po. fur 4 de haut.

135 Deux autres fujets, exécutés de même,
repréfentant Sufanne furprife par les Vieil-
lards, & Loth enyvré par fes filles, même
grandeur.

FRAGONARD.

136 Deux Payfages, mêlés de ruines, &

ornés de figures : très-spirituellement touchés à la plume & lavés en couleurs. 9 po.
sur 7 de haut.

137 Deux autres Payfages idem, avec fa- 24
briques, très-pittorefques. 16 po. sur 11
de haut.

138 Une tête de femme avec chapeau de 30
paille, aux trois crayons.

GOURRÉ.

139 Un petit sujet emblématique, où se voit 7. 5
une femme nue montrant le palais du So-
leil, exécuté à l'encre de la Chine, de
forme octogone. 6 po. sur 5 de haut.

GREUZE.

140 Une belle tête de femme, aux trois 60
crayons de 13 sur 10 de large.
De plus l'étude au biftre d'un homme à —
genoux.

HOUEL.

141 Deux jolis Payfages colorés, mêlés de 18
ruines & ornés de figures. de 11 po. sur 8
de haut.

JORDANS (Jacques) Flamand.

142 Notre-Seigneur chaffant les Vendeurs 180
du Temple, grande & belle compofition
faite au biftre & lavée en couleurs. 20 po.
sur 15 de haut.

143 Quatre petits sujets aussi colorés, Présentation au Temple, Adoration des Bergers, &c.

KARLE DU JARDIN.

144 Un charmant Paysage montagneux, avec vieux pont ruiné, & sur le devant un groupe de deux gros arbres, plusieurs animaux, & un homme qui se lave les pieds au bord de la riviere: il est fait avec tout l'esprit possible, à l'encre de la Chine mêlée un peu de bistre. 8 pouc. sur 4 de haut.

L'ALLEMAND.

145 Deux Paysages en travers, ornés de figures & ruines, & de plusieurs groupes de figures, à la plume & lavés en couleurs.

146 Quatre ruines d'architecture & études de Paysages, & de plus un autre Paysage dans le style de Salvator Rose.

LE LORRAIN.

147 L'étude à la sanguine d'une belle figure de Turc tenant un sabre.

LE PRINCE.

148 Un paysage montagneux orné de broussailles, au bord se voit un ruisseau dans lequel on voit passer plusieurs figures & ani-

maux, au biſtre ſur papier blanc, de 16
po. ſur 14 de haut.

149 Autre Payſage, au biſtre mêlé de ſanguine, où ſe voit ſur le devant un lion
qui vient de faire carnage, 16 ſur 12 de
haut.

150 Autre idem, où ſe voit ſur le devant
un Repos de la Vierge, &c. 13 ſur 12 de
large.

151 Une feuille contenant quatre charmants
Payſages ornés de figures & animaux,
faits au biſtre avec tout l'eſprit poſſible.

152 Une ruine en hauteur, ornée de trois
figures, qui repréſentent les oyes de Frere
Philippe, Conte, de la même touche &
du même faire que les précédents, 12 ſur
8 de larg.

153 Autre payſage idem, la clochette,
Conte, du même : 13 po. ſur 11 de large.

154 Un Payſage en travers, où ſe voit au
milieu, pluſieurs animaux gardés par un
Berger & un Chien, auſſi au biſtre de
même grandeur.

155 Deux études de figures de femmes Ruſ-
ſes, dont on connoît les eſtampes par
Deſmarteau, & un petit Payſage en travers. Ces trois Deſſins ſont à la ſanguine.

156 Quatre payſages colorés & à la ſanguine
très-pittoreſques.

LINDER, *le vieux.*

71 · 19 **157** Deux très-jolis Payſages colorés, avec
rivière & montagnes dans les fonds, & pluſieurs figures, dont un Berger conduiſant
un troupeau, &c. 7 po. ſur 6 de haut.

119·· 19|**158** Deux vues de Villages de Flandres au
bord de la Meuſe, d'un bel effet, & colorées avec intelligence. 8 ſur 5 de haut.

METTAY.

11 **159** Deux Payſages pittoreſques & mêlés de
fabriques, au biſtre & rehauſſés de blanc
ſur papier bleu.

4 **160** Deux autres études de Payſages idem.

MOUCHERON.

84 · 6 **161** Deux Payſages d'un précieux fini, mêlés de ruines, montagnes & rivieres, & ornés de pluſieurs groupes de figures, dont
une paſſe ſur un pont, & d'autres qui font
converſation : ils ſont exécutés à l'encre de
la Chine rehauſſée de blanc, & portent 10
po. ſur 7 de haut.

15 **162** Un Payſage, auſſi à l'encre de la Chine,
où ſe voit au milieu une chute d'eau qui
procure un effet très pittoreſque. 9 po. ſur
7 de larg.

OSTADE, (*Adrien van*) *Hollandois.*

59 · 19 **163** Deux intérieurs de maiſons de Payſans,
très-pittoreſquement compoſés, où ſe trou-
ve

ve dans chacune un groupe de trois figures qui boivent: ils font exécutés à la plume & lavés de biftre très-fpirituellement : 8
po. fur 7 de large.

164 Quatre petites figures d'hommes , de 4
po. de haut, dont deux debout & les deux
autres affis tenant une pipe , &c. faites à la
plume & lavées en diverfes couleurs.   20

165 Deux jolis fujets fur une même feuille, repréfentant l'extérieur & l'intérieur
d'une maifon de Payfans, occupés par divers groupes de figures intéreffantes qui
boivent & font converfation : exécutés à
la plume & lavés d'encre de la Chine. 9
po. fur 7.   59 . 19

166 Une autre feuille fur laquelle fe trouve
l'intérieur de l'attelier du Peintre très-pittorefquement compofé, & où il eft occupé
à peindre un tableau pofé fur un chevalet.
    De plus, un Boulanger foufflant dans
une corne à la porte de fa maifon : tous
deux à la plume.   6 . 19

O S T A D E. (Ifaac)

167 L'intérieur d'une écurie, où fe voit un
groupe de quatre figures d'hommes occupés à écouter une lecture, &c. à la plume
& au biftre, d'un grand effet. 12 po. fur
8 de larg.

168 Cinq fujets & études, dont une tabagie
où l'on compte fept figures principales qui   3 . 19

forment concert & font la cuisine, à la
plume & à l'encre de la Chine.

PAROCEL.

169 Un groupe de six Cavaliers combattant
contre un Lion en fureur qui en a déjà ter-
raffé plusieurs : chaque figure y exprime
un caractere de fureur différent : il eft fait
à la fanguine, & porte 28 pouc. fur 18 de
haut.

170 Deux fujets exécutés à la fanguine avec
efprit : dans l'un on voit un Cavalier fai-
fant ferrer fon cheval à la porte d'un Maréchal : dans l'autre, un Turc à cheval
donnant l'ordre à un foldat. 21 pouc. fur
16 de large.

171 Un autre fujet pareillement exécuté, où
fe voit un Vieillard à cheval.

172 Douze croquis de compofitions pour
Batailles, & études de diverfes figures, à
la plume & à la fanguine.

173 Trois belles têtes de Soldats, à la pierre
noire & fanguine, fupérieurement bien
touchées.

174 Deux petits corps-de-garde & halte de
Soldats fantaffins, auffi à la fanguine. 8
po. fur 6 de haut, fpirituellement exécutés.

PERIGNON.

175 Deux bouquets de différentes fleurs bien

grouppées, & peintes à gouazze sur papier
bleu. 12 sur 9.

176 Un très-joli Paysage bordé d'un grand
Canal, & orné de plusieurs groupes de figures, exécuté aussi à gouazze avec beaucoup d'intelligence. 9 po. sur 6 de haut.

PIAZETTA.

177 Une belle tête de Vieillard à barbe &
cheveux blancs, d'un beau caractere, de
grandeur naturelle, faite à la sanguine &
pierre noire. 17 po. sur 14 de large.

PIERRE.

178 Une tête de Vieillard à barbe, vue
de profil, faite au pastel, & fixée. 15 po.
sur 11.

RADEMACKER.

179 La vue d'un gros Village hollandois,
traversé par une riviere, sur laquelle on
voit plusieurs bateaux à la voile, & sur le
devant une charette & plusieurs Cavaliers,
&c. coloré & terminé avec le plus grand
soin. 11 po. sur 7 de haut.

RAPHAEL.

180 Un groupe de trois têtes de femme &
enfants, d'un très-beau caractere, précieu-
sement fini aux trois crayons.

C ij

REMBRANDT.

181 Le bon Samaritain, sujet en travers, d'un effet très-piquant, au bistre. 12 po. sur 8.

182 Quatre croquis, dont une Résurrection, Jésus-Christ parmi les Docteurs, &c.

183 Douze idem au pinceau trempé dans le bistre, dont Notre-Seigneur tenté par le Diable, le retour de l'Enfant prodigue, &c.

184 Quinze idem, dont Loth & ses Filles, Tobie recouvrant la vue, &c.

185 Dix-sept idem, dont la Décolation de Saint Jean-Baptiste, Mardochée, &c.

186 Seize idem, dont l'Ange devant Tobie, &c.

187 Vingt-quatre idem, dont Agar répudiée, Notre-Seigneur en Jardinier, &c.

188 Tobie endormi; près de lui est l'Ange qui lui apparoît : ce sujet est d'un grand effet, & rendu avec tout l'art de l'habile Artiste qui l'a exécuté au bistre un peu mêlé de sanguine. 15 po. sur 12 de larg.

RICCI, (Marco) Vénitien.

189 Un rocher mouillé par le pied d'une riviere où l'on voit sur le devant deux hommes qui péchent à la ligne : le fond est

un Paysage : il est fait au bistre très-largement lavé & d'un grand effet. 14 po. sur 10 de haut.

ROGHMAN, (Roland) *Hollandois.*

190 Un paysage très-pittoresque, & fait avec esprit à l'encre de la Chine : on voit sur le devant une grande masse d'arbres, dans le fond un Village mêlé d'arbres, & bordé d'une riviere sur laquelle sont plusieurs petits bateaux à la voile. 13 po. sur 9 de haut.

191 Deux petits paysages à l'encre de la Chine, avec figures & animaux. 7 pouc. sur 5 de haut.

ROOS, (Henry) *Allemand.*

192 Un groupe de deux figures & dix animaux divers, près d'une vieille tour ruinée, supérieurement bien rendu à la sanguine. 16 po. sur 12 de haut.

RUYSDAEL.

193 Un charmant Paysage, où se voit au milieu une vieille maison ruinée, & des deux côtés, des groupes d'arbres touffus, il est fait à la pierre noire sur papier blanc avec tout le goût possible.

194 Autre paysage, étude d'arbres & broussailles avec une figure sur le devant portant un bâton sur l'épaule, il est traité avec tout l'art, connu dans ce genre à cet ha-

bile Artiste, à la pierre noire mêlée de biſtre. 8 po. ſur 6 de haut.

3 . 15 195 Autre étude à l'encre de la Chine, de
pluſieurs grands arbres, avec une barriere
de bois ſur le devant, de 6 pouces ſur 4
de haut; on y a joint deux autres très-
petits payſages de K. du Jardin & Pynacker, finement touchés.

74 . 19 196 Une étude de pluſieurs chaumieres en-
tourées de pluſieurs arbres, & où ſe voit
ſur le devant un homme vu par le dos re-
gardant dans l'eau, à l'encre de la Chine.
12 po. ſur 7 de haut.

S A R A Z I N.

6 . 19 197 Un payſage agréable & pittoreſque, au
biſtre : on y voit ſur une éminence une
vieille égliſe, & pluſieurs chaumieres. 8
po. ſur 6 de haut.

V A N B L O O M.

9   198 Un Tartare monté ſur un cheval qui
court au galot, & l'étude d'un Taureau,
largement deſſinés au pinceau trempé
d'encre de la Chine. 11 po. ſur 8 de h.

V A N D E V E L D E. (Adrien)

10 . 19 199 Un petit payſage plein d'eſprit, où ſe
trouve ſur le devant une riviere avec pluſieurs groupes de figures & animaux qui la
paſſent & s'y abbreuvent, à l'encre de la
Chine mêlée de biſtre : 2 po. ſur 5 de h.

VANDEVELDE. (*Ezias*)

200 Un marché de campagne, avec divers
groupes de figures, qui y vendent &
achetent diverses denrées, au biſtre rehauſſé de blanc. 12 po. ſur 8 de haut.

VANDER DOES.

201 Un troupeau de différents animaux,
gardé par un Berger, aſſis au pied d'un
gros arbre, & jouant de la flûte, largement exécuté à la plume & au biſtre. 11
po. ſur 9 de haut.

VANDER NEER.

202 Deux jolies vues de Villages hollandois
au bord d'une riviere, ornés de figures &
animaux, d'un effet très-piquant, & repré-
ſentés au clair de la Lune, à l'encre de la
Chine. 11 po. ſur 9 de haut.

VAN HUYSUM.

203 Deux petits Payſages colorés, avec architecture & figures, dont celle de Diane
à laquelle on ſacrifie. 7 po. ſur 5 de haut.

VANLOO. (*Carles*)

204 Une très-belle tête de femme vue de
face, avec un voile derriere la tête, aux
trois crayons. 15 po. ſur 12 de large.

VAN ROMEYN, (*Guillaume*) Hollandois.

205 Une ruine au bas de laquelle on voit
C iv

un gros bœuf & plusieurs moutons cou-
chés par terre : il est touché avec esprit à
l'encre de la Chine.

VAN VDEN, (*Lucas*) Flamand.

206 Deux charmans Paysages en travers &
colorés avec art : sur le devant d'un des
deux on voit un Village, & dans le fond
une pleine campagne : dans l'autre on voit
dans le fond un vieux Château avec tour-
relles, & sur le devant plusieurs fig. 12 po.
sur 8 de haut.

207 Deux études & groupes de différents
gros arbres, d'une plume fine & légere,
& lavées en couleurs. 13 pouc. sur 9 de
large.

208 Deux idem en travers, Vues de montagnes couvertes de broussailles, avec plusieurs clochers d'Eglises dans le fond.

209 Deux idem, Vues de bois touffus.

VAN VITELLI.

210 Une Vue des Environs de Rome, où se
voit sur le devant un vieux pont ruiné, à
l'encre de la Chine rehaussée de blanc, &
un peu lavé en couleurs. 18 po. sur 12 de
haut.

VISSCHER. (*Corneille*)

211 Le buste d'une vieille femme, dont la
tête est d'un beau caractere, vue presque

de face, avec un grand fichu plat : à la
pierre noire, fur vélin très-bien confervé.
6 po. fur 5 de larg.

VILDENS.

212 Une Foire de campagne, avec beaucoup de figures, ayant pour pendant un
Payfage au bord d'un grand chemin, où
l'on voit un Cavalier attaqué par deux
Voleurs, à la plume & au biftre. 15 pouc.
fur 11 de haut.

WOUVERMANS. (Philippe)

213 Une ruine au bas de laquelle eft une
riviere où viennent divers Cavaliers faire
boire leurs chevaux ; largement lavé au
pinceau trempé dans l'encre de la Chine.
11 po. fur 6 de haut.

214 L'étude d'un cheval debout, précieufe-
ment exécuté à l'encre de la Chine. 8 po.
fur 6 de haut.

WICK, (Thomas) Hollandois.

215 Une Ruine en hauteur, où fe voit un
vieux pont de bois fur lequel paffe un
homme : fur le devant font deux bateaux :
à l'encre de la Chine. 16 po. fur 11.

216 Une Vue d'Italie, où l'on voit fur le
devant une pyramide fur un piedeftal, exé-
cutée à l'encre de la Chine.

L'intérieur d'une chaumiere très - pittorefque, & où fe voit dans un coin un tonneau, &c. 13 po. fur 9 de haut.

ZUCCARELLI, (*François*) *Vénitien*.

217 Deux grands Payfages largement deffinés à la plume & à l'encre de la Chine, ornés de plufieurs groupes de figures & animaux: dans l'un des deux on voit un troupeau de moutons près d'un homme debout qui parle à une femme affife par terre. 19 po. fur 13 de haut.

D E S S I N S

DE DIFFÉRENS MAITRES.

218 Neuf fujets divers, à la plume & au biftre, par L. Carrache, Cangiage, la Fage, &c. dont les Docteurs de l'Eglife, &c.

219 Neuf autres idem, dont un fujet de Vierge, par C. Maratte, &c.

220 Quatre Deffins italiens, dont un de Bénédette Caftiglione, au biftre & rehauffé de blanc, où fe voit un Vieillard près d'un globe, &c.

221 Cinq Marines & Payfages divers au biftre & à l'encre de la Chine, par Salvator Rofe & autres, très fpirituellement éxécutés.

222 Cinq études de figures & têtes par Ru-

bens, Rembrandt, &c. à la fanguine &
pierre noire.

223 Une maifon de Meûnier, & deux autres
Payfages, par Th. Wyck & Rademaker,
à la plume & encre de la Chine.

224 Sept petites Marines & Payfages, au
biftre, par Claude Lorrain, M. Ricci,
&c.

225 Quatre Payfages & Ruines, par vander
Does, Pynacker, & vander Ulft, à la
plume & au biftre.

226 Quatre Payfages fur papier bleu, à la
pierre noire, par le Gentilhomme d'U-
trecht. 10 po. fur 5 de haut.

227 Quatre petits Payfages, par B. Bréemberg, Doomer & Rademaker.

228 Une petite Ruine, en hauteur, à la
plume & à l'encre de la Chine, par B.
Bréemberg, & une chaumiere avec un
gros arbre à côté, à la pierre noire, par
Waterloo, de 4 à 6 po.

229 Un gros bœuf paffant une riviere : dans
le fond on voit plufieurs moutons : à l'encre de la Chine, de 6 po. fur 4. de plus,
deux petites études de chevaux & âne, par
Wouvermans & Bartolomé.

230 Quatre Payfages à la pierre noire & au
biftre, largement traités & ornés de plufieurs figures, d'environ 12 po. fur 8.

231 Cinq petits Payfages divers & colorés
par Werftraten & autres.

232 Six, Marine, Ruines & Payfages, à la

pierre noire & au biftre, par Scheling,
Both, &c.

233 Sept petits Payfages & Ruines, par
Rembrandt, Eckhout, Bartolomé, &c. à
l'encre de la Chine & au biftre.

234 Quatre fujets flamands, d'un effet pi-
quant faits fur papier brun, à l'encre de la
Chine rehauffée de blanc, dans le ftyle de
Bramer, & d'après Netscher.

235 Huit études de Ruines, Payfages &
animaux divers, par Roos, Benedette,
V. Romeyn, Satcklewen, &c. à l'encre
de la Chine.

236 Six payfages & ruines idem, par J.
Lyvens, Breughel, & Oftade.

237 Sept autres petits payfages divers, par
van Goyen & autres, à l'encre de la
Chine & pierre noire.

238 Huit petits payfages, à la plume &
colorés, par Claude le Lorrain & autres.

239 Cinq feuilles de différentes études de
têtes & figures, par le Moine & Wat-
teau, à la fanguine & pierre noire.

240 Neuf autres idem, par C. Vanloo, Jordans, Rigaud, &c.

241 Trois études de payfages & fujets d'a-
nimaux, à la fanguine & à l'encre de la
Chine, par Berghem & van Bloom.

242 Six payfages mêlés de fabriques, à la
plume & au biftre, par Bloemaert, &c.

243 Sept petits fujets divers par Sal. de
Bray & autres, à l'encre de la Chine.

244 Douze grosses têtes & figures d'hommes &
femmes à la sanguine, dont plusieurs
par C. Vanloo, de la Rue, &c. — 4 . 12

245 Sept paysages divers, dont quelques-
uns colorés par Linder & autres. — 10 . 6

246 Six idem à la sanguine & au bistre,
par S. Bourdon & autres. — 9 - 19

247 Huit études de diverses têtes, dont
deux de femmes, d'après Boucher, lavées
en couleurs. — 6

248 Vingt-quatre cartouches & différents
sujets d'ornements, à la plume, par Boucher, Gillot, Meissonier, &c. — 6 . 2

249 Deux Portefeuilles remplis de diverses
études de figures, paysages, chaumieres,
&c. qui seront divisés en plusieurs lots. — 248 . 13

250 Autre petit vol. in-4°. oblong en parchemin, contenant plus de soixante études de figures & paysages par différents
Maîtres, sur velin & papier. — 5

251 Un volume in-folio relié, contenant
deux cent cinquante Dessins, représentant
diverses places, maisons royales, & autres
qui se voyent dans Paris, lavés à l'encre
de la Chine, par Marot & autres Archi-
tectes. — 30

252 Plusieurs petits Livrets en papier bleu,
propres à dessiner. — 3

ESTAMPES

DE DIFFÉRENS MAITRES.

253 ADAM & Eve, par Albert Durer, anc. épr.

254 La Pandore, par le même, très-belle épr.

255 Trois pieces, idem, fup. épr. la Fille furprife, le Vieillard & la jeune Fille, & de plus le portrait d'Erafme.

256 Quarante-trois fujets divers, au burin & en bois, par Alb. Durer, &c. dont Adam & Eve, la Pandore, &c.

257 Quatorze pieces à l'eau-forte, par différens Maîtres, dont la Sufanne d'Annibal Carrache, prem. épr. avant la lettre.

258 Le grand Calvaire d'Aug. Carrache, d'après le Tintoret.

259 Les Pélerins d'Emaüs, par Maffon, anc. épr.

260 Quatre pieces, par Villamene; Sainte Famille, d'après Raphael; Defcente de croix du Baroche, & le portrait d'Inigo Jones, avant & avec la lettre.

261 Quatre autres idem, la Vierge avec Saint Jérôme du Corrége; Saint François ftigmatifé, &c.

262 Cinq pieces par M. Antoine, la Cene,

les trois Angles, de Jupiter, &c. & la Caſ-
ſolette, anciennes épr.

263 Cinq ſujets divers, dont le martyre de
Saint Barthelemy de l'Eſpagnolet, une jolie copie en petit du Jugement dernier,
de M. Ange, &c.

264 Trois Pieces d'Aug. Carrache ; le Calvaire du Tintoret, l'Aſcenſion & le Ro-
ſaire.

265 Quatre par Villameñe, dont les Gour-
meurs, la Préſentation au Temple, &c.

266 Onze grandes eaux-fortes diverſes par
C. Maratte, Paſinelli, Guaraña & Su-
bleyras, dont la Prédication de Saint Jean,
Héliodore chaſſé du Temple, &c.

267 Douze grandes & moyennes pieces,
compoſées & gravées par P. Teſte.

268 Une ſuite de trente figures, gravées à
l'eau-forte par Zuccarelli, d'après des
Peintures célebres d'André del Sarte.

269 Quarante-huit pieces diverſes, à l'eau-
forte, du Guide, Carrache & autres.

270 Neuf grandes eaux-fortes de P. Teſte,
Bréemberg, &c.

271 Vingt ſujets divers, compoſés & gravés par Bénédette Caſtiglione.

272 Huit grandes eaux-fortes par S. Roſe,
dont Policrate, Œdipe, Diogene, &c.

273 Quarante-huit Vues de Veniſe, deſſinées & gravées à l'eau-forte, par Antoine
Canal.

19   274 Trente-trois sujets de caprices ; composés & gravés par Tiepolo.

18 . 4   275 Cinquante-trois autres têtes & sujets divers ; par le même.

12   276 Quinze sujets divers, à l'eau-forte & dans la maniere du lavis, par Bartolozzi, Zocchi, &c.

14   277 Quarante-huit ruines & antiquités romaines, par Piranese.

20 . 3   278 Trente-trois grandes Vues de Rome, par le même.

8   279 Quatorze Prisons, idem.

avec 355   279* La galerie du Palais Farnèse, d'après le Carrache, par le Blond ; & les quatre Evangélistes du Lanfranc, par Roullet.

16 . 5   280 La grande Adoration des Rois en deux feuilles, par Vorsterman, d'après Rubens, en bordure dorée.

6 . 10   281 Vénus sur les eaux, par Soutman, & deux autres pieces par le Bas, &c. idem.

14 . 12   282 Trois grandes pieces, d'après Rubens, le Portement de Croix, l'Adoration des Rois, par Vorsterman, & la Chûte des Anges, en deux morceaux, par Suyderhoef.

12   283 Deux idem ; Saint Ildephonse & Saint Lyvins.

8 . 12   284 Huit autres pieces, d'après Rubens & Jordans, dont Saint Martin de Tours, &c.

285

285 Cinq idem, dont la grande Chûte des 10
Anges de van Orley, la Pentecôte, &c.

286 Six idem, dont le Jugement de Salo- 8. 15
mon, le Repas du Pharisien, &c.

287 La Conversion de Saint Paul, & la 50
Chasse aux Lions, par Bolswert.

288 Le grand Couronnement d'épines, d'a- 50
près van Dyck, par Bolswert.

289 Soixante-un portraits, d'après le même, 18
par Vorsterman, P. Pontius, &c.

290 Huit sujets divers de Rubens & van 8. 19
Dyck : plusieurs sont imprimés sur papier
de soie, dont la Vierge au mouton, celle à
l'oiseau, &c.

291 Loth sortant de Sodôme, de Rubens: 4. 4
Jésus-Christ portant sa Croix, de Bloé-
maert : & la Magdeleine à la lampe, de
Smith.

292 Vingt pièces diverses, par Jordans, 9
Dufart, &c. & de plus la grande Foire
de Nancy, par Callot.

293 La grande Pêche miraculeuse en trois 13
morceaux, par Bolswert.

294 Le Crucifix au Capucin, d'après van 12
Dyck, & le Sacrifice d'Abraham, par le
même.

295 Le Christ au roseau, à l'eau-forte, par 8
van-Dyck ; la Femme désaltérée, du C.
Goudt, & trois Desseins divers.

296 Le Départ de Jacob, & son pendant, 40
par Wisscher, d'après le Bassan, prem. épr.

D

12 . 3   297 Deux pieces, par P. Nolpe : le Sacri-
          fice d'Elie, & une Tempête en Mars, très-
          bonnes épr.

9 . 19   298 Six pieces, d'après Rubens, Seghers,
          &c. dont le Reniement de Saint Pierre,
          Loth fortant de Sodôme, &c.

34 . 19   299 Trois d'après Rubens & Jordans, le
          Repos de Diane, Argus, & le Flûteur.

17   300 Trois fujets de Tabagie, par Suyde-
          rhoef & Viffcher, dont le Bal & le Coup
          de couteau.

15   301 Quatre pieces, par C. Viffcher, dont le
          Fricaffeufe & les Violonneurs, des prem.
          épr. depuis la retouche, &c.

20   302 Le Couronnement de la Reine de Suè-
          de, grande piece rare par C. Viffcher,
          belle épr.

20 . 11   303 Huit pieces d'après Oftade, &c. dont
          les Fileufes avant la lettre, le Tâtonneur,
          &c.

16   304 Quinze fujets divers, de Vouvermans,
          Oftade & Dufart.

12   305 Dix-huit Payfages, animaux & figures,
          d'après Berghem, par Viffcher, dont les
          quatre Heures, &c.

8 . 4   306 Cinquante-huit idem, dont plufieurs
          gravées par lui-même.

13 . 19   307 Quarante-un fujets d'animaux divers,
          par Roos, Fyt, &c.

10 . 10   308 Quarante-huit idem, d'après Roos &
          Berghem, par Viffcher, &c.

309 Dix-huit pieces diverses de van Velde, Comte Goudt, Breughels, &c. 7 - 4

310 Dix-huit portraits & sujets divers, par C. Visscher, dont Vondelius, Wachtelaer, le Four à tuiles, &c. 11

311 Cinquante-une pieces composées & gravées par Adrien van Ostade, ancien. épr. 34

312 Quarante-huit Marines & Paysages, par Hollar, Zeeman, &c. 6

313 Deux grands sujets par Rembrandt; Jésus-Christ présenté au peuple, & Descente de croix, très-bonnes épr. 106

314 Dix Pieces par le même, dont la mort de la Vierge, le grand Lazare, &c. 14 . 10

315 Quatorze idem; Présentation au Temple, le Sacrifice d'Abraham, la Mortaux-rats, &c. 24 . 19

316 Vingt-trois Pieces du même Rembrandt, le Denier de César, la Samaritaine, la petite Tombe, &c. 39 . 19

317 Vingt-trois sujets & têtes diverses par le même; dont plusieurs de son Portrait, &c. 12 . 19

318 Seize idem, dont la grande Mariée Juive, Wtenbogard, le Cochon, &c. 36 . 19

319 Quatre Paysages, par le même, dont les trois Arbres, le Moulin, &c. 60

320 Quatre-vingt-quinze petits sujets, têtes & paysages, par lui & d'après lui, &c. 18

321 Saint Jérôme à genoux dans sa caverne, & Loth enyvré par ses filles, toutes deux par van Uliet, très-belles épr. 60

D ij

33   322 Douze Pieces par F. Bol, Vorlidge &
       autres, dont Saint Jérôme assis tenant
       une croix, &c.

79 · 19   323 La Piece de cent florins de Rembrandt,
       supérieurement bien rétablie par M. le
       Cap. Baillie, Gentilhomme Anglois, dont
       les talents supérieurs dans ce genre de
       gravure font à juste titre bien accueillis
       de tous les Connoisseurs & Amateurs.

       324 Les Vieillards confondus devant Daniel,
       grande Piece du même, d'après Eckout.
10
       325 Sept sujets & têtes, d'après Ostade &
       Fr. Hals, idem.

avec   326 Quatre pieces de Rembrandt, dont la
335   Mort de la Vierge, le grand Lazare, les
       Pélerins d'Emaüs, &c.

13 · 4   327 La Résurrection du Lazare, par Louys,
       d'après J. Lyvins, très-belle épr.

12   328 Les quatre têtes gravées au maillet, par
       Lutma, anc. épr.

8   329 Quatre Pieces, dont Betzabée, d'après
       Rembrandt, par Moreau, avant & avec
       la lettre ; le Roi boit de Jordans, par Po-
       letnich, &c.

12   330 Une Brochure, contenant une suite de
       douze paysages gravés à l'eau-forte d'a-
       près Rembrandt, par Sr. Rich. Byron,
       Amateur Anglois.

8 · 2   331 Onze sujets divers, par Rembrandt,
       & dans sa maniere, gravés par Landerer.

332 Quinze sujets divers, composés & gravés à l'eau-forte par de Rood, Peintre
Allemand. 16. 4

333 Quatre-vingt-six Modes allemandes,
par Hollar, anc. épr. 8

334 Cinq grandes Pieces historiques, par R.
de Hooge, prem. épr. 15. 19

335 Treize Paysages, d'après Berghem,
par Visscher, Huquier, & autres. 7

336 Quatorze ruines & paysages, par Vivarès, &c. d'après Piranesi, Boucher, &c. 8. 3

337 Cinquante-quatre paysages & ruines,
par Diétricy, van Orley, &c. dont les
vües de Bruxelles, &c. 9. 16

338 Vingt-deux sujets divers à l'eau-forte
par Both & Dassonneville, dont les Sens,
&c. 10. 19

339 Quatre-vingt quatorze Paysages divers,
composés & gravés par Waterloo. 39. 19

340 Cinquante eaux fortes, par S. Rose,
Parocel, &c. 5

341 Quatre-vingt-huit Paysages à l'eau-
forte, par Both & autres. 16. 5

342 Cinquante idem, par Cl. le Lorrain,
Mauperché, &c. 30

343 Soixante idem, par Suaneweldt, Both,
&c. 6

344 Quarante huit sujets d'animaux divers,
par Stoop, P. Potter, &c. 13

345 Quatre-vingt-neuf petits & moyens
paysages & sujets d'animaux, par Bloemaert. 7

346 Six pieces diverses, par Bloemaert, Muller, &c. dont Perfée armé par Pallas.

347 Vingt-un sujets d'animaux divers, par Ridinger.

348 Cinq pieces en maniere noire, d'après Rembrandt, par M. Ardell & Houston, dont plusieurs avant la lettre, la Plumeuse de poule, le Tailleur de plume, &c.

349 Dix neuf autres pieces idem, sujets & portraits divers, par Smith, M. Ardell, &c.

350 Deux Paysages, par Woollett, Céladon & Macbeth.

351 Deux autres, par le même, d'après Dufart; The Cottagers, & son pendant.

352 Vénus & l'Amour, d'après L. Jordans, avant la lettre, par Bartolozzi.

353 Diane & Actéon, par le même, prem. épr. avant la lettre, très-rare à trouver.

354 Le Bain de Nymphes, avant la lettre, d'après Cipriani, avec les figures de Bartolozzi.

355 Deux plafonds, d'après le Brun, par G. Audran, en huit morceaux, dont celui de l'Aurore à Sceaux.

356 Huit grandes pieces, par vander Meulen, dont le Pont Neuf, &c.

357 Les sept Œuvres de miséricorde, du Bourdon, prem. épr.

358 La Préfentation au Temple, par Drevet, d'après Boulongne.

359 Quatre grandes pieces, d'après C. Van-

loo & M. Jeaurat, le Bacha & son pendant, Carnaval de Paris & pendant.

360 L'Inſtruction paternelle, & Agar pré-
ſentée à Abraham, gravées par M. Wille.

361 Quatre pieces par Beauvarlet & Kilian,
de la Galerie de Dreſde, d'après L. Jordano, &c. dont Loth & ſes Filles, Suſan-
ne, &c.

362 Les Enfans de Rubens, par Daullé, &
la Vieille au pot à feu, par Boëce, prem.
épr.

363 Trois pieces par Beauvarlet, avant la
lettre, d'après L. Jordano, Europe, Pâris,
& les Sabines.

364 La Mort d'Abel, par M. Porporati, d'a-
près le Chevalier vander Werff, prem. épr.
ſur papier de ſoie.

365 Le grand Payſage de Berghem, par
Aliamet, de la Galerie de Dreſde.

366 L'ancien Port de Gênes, par les mêmes,
prem. épr. ſur petit papier.

367 Les deux Chaſſes, par M. Flipart, d'a-
près Vanloo & Boucher, des prem. épr.
ſur papier de ſoie.

368 Le Clair de la Lune, par le même,
prem. épr. ſur papier de ſoie, & la Tempête, du même, toutes deux d'après Verner.

369 Les huit premiers Ports de Mer de
France, d'après le même, par MM. Cochin & le Bas.

370 La Tempête & les Baigneuſes, par Balechou, d'après le même.

D iv

22   371 Dix Marines & Payſages, d'après Ver-
          net, la Croix, &c. par Aliamet, de Lon-
          gueil, &c.

10   372 Dix autres pieces idem, toutes prem.
          épr. avant la lettre.

17 · 19   373 Les quatre Heures du jour, par Cathe-
          lin, d'après Vernet, avant la lettre.

13   374 Quatre grands Payſages, d'après Die-
          tricy, par Benazech, la Nappe d'eau, &c.

12 - 19   375 La Dévideuſe & la Liſeuſe, par M.
          Wille, prem. épr.

15   376 La Vie de Saint Grégoire en ſept
          morceaux, d'après C. Vanloo, gravés par
          Molès, &c. prem. épr. avant la lettre.

10   377 Le Geſte napolitain, d'après Greuze,
          avant la lettre.

9 7 · 19 378 Le Paralitique idem, prem. épr. avant
          les mots, tiré du Cabinet de l'Impératrice.

40 · 2   379 L'Accordée de Village, auſſi prem. épr.

19 · 19   380 Le Silence, d'après le même, prem.
          épr.

28 · 5   381 Le Pere de famille liſant la Bible, par
          Martenaſie.

9   382 M. le Comte d'Artois & Madame ſa
          Sœur jouant avec un bouc, par Beauvar-
          let, & le Coucher de la Mariée, d'après
          Baudouin.

14   383 Quatre pieces d'après Greuze & Ter-
          burg, dont la Pleureuſe, par Flipart, &
          deux par Beauvarlet, avant la lettre.

9 · 14   384 Quatorze ſujets divers, d'après Wat-
          teau, Lancret, le Nain, &c. par Dupuis,
          Daullé, &c.

385 Quinze sujets divers, d'après Jouve-
net, Coypel & autres, dont plusieurs par
M. Parizeau.   10

386 Six pieces, dont le platfond du Sémi-
naire de Saint Sulpice, d'après le Brun,
&c.   8 . 4

387 Six Paysages & Marines, d'après Boucher & Vernet, par Flipart, le Bas, &c.   7 . 19

388 Quinze Paysages & Sujets divers, d'a-
près Teniers, Vander Neer, &c. par MM.
le Bas, Major, &c.   15

389 Douze Marines & Paysages, d'après
différents Maîtres, gravés par Canot, Major, &c.   11

390 Dix sept pieces idem, gravées en An-
gleterre, par Vivarès, Canot, &c. d'après
Berghem & autres.   10

391 Douze Paysages & Marines, d'après
Pillement, par Canot, Benazech, &c.   9

392 Dix autres idem, Saisons, Heures du
jour, &c.   9

393 Sept grands Paysages, par Vivarès,
Goupy, &c. d'après P. de Cortone, &c.   9 . 4

394 Neuf Paysages divers, gravés en An-
gleterre, d'après G. Poussin, Lambert,
&c. par Canot, Mason, &c.   8 . 19

395 Un paysage, d'après le Carrache, par
Woollett, & quatre Marines par Canot,
&c.   11

396 Trois Paysages, par MM. le Bas & Major, dont le Manége, le Pot au lait, &c.   8 . 12

D v

13. 6　397 Vingt-six sujets & Paysages, par le Bas, Major, Godefroy, Réclam, &c.

17. 4　398 Quatre-vingt petites pieces, sujets & paysages, composés & gravés à l'eau-forte par M. le Prince, formant plusieurs cahiers.

10　399 Douze autres pieces par le même, dans la maniere du lavis, dont la Danse Russe, les Pêcheurs, &c.

21　400 Soixante-dix-sept Paysages & sujets divers, gravés à l'eau-forte par M. l'Abbé de Saint Non.

15　401 Vingt-huit autres pieces, par le même, dans la maniere du lavis, d'après Boucher, Fragonard, Robert, &c.

5. 2　402 Seize pieces au lavis & crayon, par de Marteau, Rugendas, &c.

6　403 Onze sujets divers, dans la maniere du crayon, par de Marteau, d'après Vanloo, Boucher, Cochin, &c.

7　404 Vingt autres pieces idem : au crayon.

7　405 Onze sujets divers, par de Marteau & Bonnet, aux deux crayons & au pastel.

5. 2　406 Dix neuf pieces au bistre, &c. dont le Corps-de-garde de Vanloo, avant la lettre, &c.

8　407 Les Ruines de Pœstum ; en sept morceaux, gravés à Naples par Morghen, & de plus huit ruines de composition, d'après de Machy.

21. 3　408 La suite des premiers Martyres, en quarante-huit morceaux, par Luyken.

409 Vingt-trois grandes pieces, par le mê- 5 15
me, sujets de la Bible.

410 Vingt-neuf sujets divers des Cérémo- 18 5
nies religieuses de B. Picart.

411 Cent soixante-trois petites vignettes di- 14 12
verses, d'après Cazes, Cochin, & autres.

412 Soixante-six pieces de la Belle, têtes, 9 4
marines, animaux, &c.

413 Vingt huit sujets de catafalques, fêtes 4
& frifes, idem.

414 Plus de deux cents petites pieces, du 7 12
même, pour les jeux des Rois, Reines,
Métamorphofes & Géographie, la plus
grande partie en prem. épr. avant la lettre.

415 Quatre vingt cinq autres petites pieces 8 12
par le même, livre de griffonnemens, Morts,
&c.

416 Soixante-onze autres idem; vazes, ma- 16
rines & payfages.

417 Quarante-une pieces; par Callot, Mi- 14 16
feres de la guerre, Combat à la barriere,
& Vues de Florence.

418 Cent trente-neuf autres pieces du mê- 11 4
me, dont la grande Paffion, les Gueux, la
Nobleffe, &c.

419 Quatre pieces, dont l'Académie des 9
Sciences par le Clerc, la cérémonie du
Marquis d'Angeau, &c.

420 Quatre-vingt-trois petites pieces par le 6 4
même, formant plufieurs suites de figures
& payfages.

421 Vingt pieces détachées du Cabinet de 10 5

M. de Choiseul, dont huit font avant la lettre ; fçavoir, la Vierge de Rouffeau, deux Berghem par Daudet, &c.

17   422 Cinquante-fept eaux-fortes de la même fuite, gravées d'après les plus beaux tableaux de ce célèbre Cabinet par Dunker.

7. 4   423 Treize petits payfages, d'après Wagner & autres, des prem. épr. avant la lettre, gravés par Helman, Mathieu, &c.

5   424 Trente-trois eaux-fortes diverfes, gravées par Weïfbrod, Bertaux, &c. d'après van Velde, Berghem, &c. qui fe trouvent dans les Catalogues de Mariette & Neyman, dont les ventes ont été faites l'année derniere.

8   425 Quatre Payfages, par Vivarès, d'après Rubens & Patel.

7. 19   426 Quatre ruines & payfages idem, d'après J. P. Pannini & Gafpre Pouffin.

9   427 Quarante-deux eaux-fortes diverfes, compofées & gravées par S. Bourdon & Loyr.

23   428 Cent douze Payfages divers, compofés & gravés par Veïrotter.

19 - 10   429 Cent trente-deux Payfages, &c. par Loutherbourg, Perignon & autres.

37. 2   430 Vingt-fix têtes & payfages, gravés par M. de Boiffieu, Amateur, d'après van Dyck, K. du Jardin, &c. plufieurs auffi de fa compofition & d'après nature.

11   431 Les deux prem. cahiers du Voyage de la Suiffe, par MM. Née & Mafquelier,

d'après Perignon & autres célebres Deſſinateurs.

432 Dix ſept portraits divers, par Edelinck, Wille, &c. dont Champagne, le Maréchal de Lowendal, &c.   7 . 4

433 Deux portraits de Moliere, par Beauvarlet, avant & avec la lettre.   7 . 13

434 Samuel Bernard, par Drevet, premiere épr. avant la qualité de Miniſtre.   18

435 Le Roi de Pologne, d'après Rigaud, par Balechou.   72 . 3

436 Un portefeuille de diverſes eſtampes, de Boucher & autres, qui ſera diviſé en pluſieurs lots.   87 . 18

437 Un autre porte-feuille de divers deſſins & eſtampes, qui ſera auſſi partagé.   512 . 11

VOLUMES D'ESTAMPES.

438 Deux volumes in-4°. oblongs, contenant plus de quatre-vingt petites vues de France & d'Italie, par Silveſtre.   8

439 Un vol. oblong, contenant trente-trois eſtampes par Martin de Vos & Sadeler, la ſcience du bien & du mal.

440 Autre volume oblong, contenant les travaux d'Ulyſſe, peints à Fontainebleau par le Primatice, & gravés par van Thulden en cinquante-huit planches.   9 . 12

441 Autre volume idem, Statues de Rome par Perrier.

442 Les Fables de la Mothe, par Gillot, en cent dix petites planches, & de plus, une suite de six feuilles de différents modeles de tables & vases, inventés & gravés par M, de Wailly, in-4°. relié,

443 Deux volumes d'estampes, par Tempeste, dont la suite des Métamorphoses, &c.

444 Méthode du Dessin, par M. Cochin, in-4°. chez Jombert. 1755.

445 Un volume in-4°. relié, contenant soixante-treize têtes de femmes, & enfants, ainsi que diverses compositions, gravées par de Marteau, d'après Boucher, & autres.

446 Un volume in-4°. contenant cent planches gravées par J. Luyken, sujets emblématiques & symboliques sur les vertus & les vices.

447. Deux volumes in-4°. contenant trois cents vues de la Hollande, dessinées d'après nature par Rademaker, & gravées à l'eau-forte par lui-même avec esprit : au bas de chaque vue se trouve l'explication en françois, anglois & hollandois.

448 Une suite de cent soixante Paysages, supérieurement bien gravés à Londres, dans le genre du lavis, par Earlom, d'après les dessins de Cl. le Lorrain, qui sont dans le Cabinet du Duc de Devonshire, cet Ouvrage doit former 2 vol. de

chacun cent pieces, il vient d'être terminé, & on peut facilement avoir les quarante derniers morceaux qui terminent le
second vol.

449 Recueil de cent dix-neuf estampes,
gravées à l'eau-forte par Jos. Canale, d'a-
près divers dessins de Raphael, Parmesan,
Guide & autres célebres Peintres Italiens.

450 Un vol. in folio à dos de veau, contenant plus de deux cents vingt planches,
gravées à l'eau forte par le Comte de Cay-
lus, d'après les plus beaux dessins du Cabinet du Roi.

451 Recueil de têtes, pensées & trophées,
composé & gravé à l'eau-forte par Bossi
à Parme, en quarante estampes.

452 Les Bas-reliefs de Jules Rom... à
Mantoue en vingt-six planches, par Bar-
toli, in-folio oblong en cartons.

453 Un Porte-feuille rempli de plans, cartes, estampes & autres pieces topographiques & historiques sur la Flandre, la Hollande, &c.

454 Les camps topographiques de la campagne de 1757 en Westphalie, par les
Maréchaux d'Estrées, Richelieu & Comte
de Clermont, avec un journal des opéra-
tions, accompagné de cinquante-sept planches, très-bien gravées par Schley, &c.
in-4°. broché.

455 Thesaurus Numismatum, E Musæo
Caroli Patini, in-4°. broché.

6

456 Selectiora numismata, &c. Francisci de
Camps, composé de cinquante-cinq plan-
ches de différentes médailles gravées par
Ertinger, petit in-fol. relié.

10

457 Le Cabinet de Bossuit en cent trois
planches, représentant diverses figures exécutées en yvoire qui composoient son Cabinet, in-4°. broché.

6. 4

458 Une suite de quarante vues de châ-
teaux aux environs d'Utrecht, in-4°. obl.
broché.

15

459 Deux volumes de Fleurs, par Crispin
de Pas & Robert, in-4°. brochés.

460 Le Temple des Muses, par Bloemaert
en soixante planches, d'après Diepenbeck,
in-fol. broché.

12

461 Les Impostures innocentes, par P. Bi-
cart, en soixante-dix-huit estampes, d'a-
près différents grands Maîtres, in fol. br.

60

462 L'Europe illustre, par Dreux du Ra-
dier, 6 vol. in-4°. brochés, avec plus de
cinq cents portraits gravés par les soins
d'Odievre.

4. 13

463 Recueil de quatre-vingt-cinq portraits
de Peintres célebres, par Cock & Hon-
dius, petit in-folio en cartons.

48

464 La Galerie de l'Hôtel Lambert, d'a-
près les Peintures de le Sueur & le Brun
en trente-six morceaux, par Duchange,
Duflos & autres : la suite d'après le Sueur
est avant la lettre.

130

465 Les Thermes d'Agrippa, Néron, Ti-

tus, Vespasien, &c. &c. ou Description
des bains des Romains, avec une Disser-
tation sur l'état des Arts dans cet Empire,
par Ch. Cameron, Architecte, orné de
plus de cent planches. Londres, 1772, in-
folio broché, Ouvrage rare dont il a été
imprimé un très-petit nombre d'exemplai-
res.

466 Les Ruines de Palmire en cinquante-sept
planches, gravées à Londres par Major en
1753, in-folio broché.

467 Celles de Balbec, idem, en 1757.

468 Divertissement donné à Rome par les
Pensionnaires de l'Académie Royale de
Peinture en 1748, gravé à l'eau-forte
par M. Vien, en trente-deux planches.
in-4°. broché.

469 Une Suite des ruines & vues de Rome
antique, en cinquante-cinq planches gravées par Morel, &c. in-4°. broché oblong.

Autre Suite des Vues de Rome antique
en cinquante-deux planches, par Mercati.
in-4°. broché.

470 Autre brochure idem, contenant cinquante statues antiques, gravées par Preis-
ler, d'après les dessins de Bouchardon.

471 Une brochure in-folio, contenant deux
cent Médailles sur l'Histoire de Louis XIV,
par Simoneau, Audran, &c.

472 Les Métamorp. d'Ovide, avec discours
latin & françois, en quatre volumes in-4°.
veau écaillé, dorés sur tranche, ornés de

cent quarante figures, gravées par le Mire,
de Saint Aubin, Delaunay, &c. & de trente-quatre vignettes, composées & gravées
par Choffard.

OUVRAGES

DE BIBLIOTHEQUE.

N°. 1 TRENTE-UN volumes in-folio,
Dictionnaire des Arts.

2 Trente volumes in-quarto & in-octavo,
dont Poésies d'Anacréon.

3 Trente volumes in-octavo & in-douze,
dont le Dictionnaire du Voyageur.

4 Trente-neuf volumes in-octavo & in-
douze, dont Chef-d'œuvres de Corneille.

5 Soixante & douze volumes in-douze, dont
Œuvres de Montesquieu.

6 Cent vingt-cinq volumes in-douze, dont
Histoire des Arabes.

7 Soixante volumes in-douze, dont, Princi-
pes de Littérature, &c.

8 Vingt-deux volumes in-quarto, dont Histoire des Insectes.

9 Soixante volumes in-douze, dont Œuvres
de M. de Buffon.

11 Soixante & douze Brochures in-quarto,

in octavo & in-douze, dont Hiftoire Litté-
raire de Louis XIV.

FIN.

Ladite vente durera pendant la huitaine :
on commencera par les Livres de Bibliothé-
que, enfuite les Ovrages d'Architecture, de
Deſſins, &c. qui font en volumes ; on conti-
nuera par les Deſſins & les Eſtampes en feuilles, & on finira par les Tableaux.

Lu & approuvé le 9 Mai 1777. Cochin.

Vû l'Approbation, permis d'imprimer &
diſtribuer ce 10 Mai 1777. Le Noir.

De l'Imprimerie de PRAULT, Imprimeur
du Roi, Quai de Gêvres.

www.ingramcontent.com/pod-product-compliance
Lightning Source LLC
LaVergne TN
LVHW012050030726
842523LV00002B/480